Papierfalten im Frühjahr

Frühling – die Zeit der Sonne, Blumen und Schmetterlinge, die Zeit der Feste in lauen Nächten. Holen Sie sich die schönste Jahreszeit mit leuchtenden Mobiles, bunten Fensterdekorationen, Blütensteckern und festlicher Tischdeko ins Haus. Im Garten und auf dem Balkon wird ein buntes Windrad zum auffallenden Blickfang, beim gemütlichen Beisammensein im Freien zaubern traumhafte Lichter die richtige Stimmung.

Greifen Sie zu Transparent- und Tonpapieren, Schere und Bleistift und beginnen Sie mit Ihrem Lieblingsmotiv.

Eine schöne Frühlingszeit und viel Freude beim Falten wünscht Ihnen

Margarete Vogelbacher

ALLGEMEINE WERKZEUGE UND HILFSMITTEL, DIE SIE ZUR HAND HABEN SOLLTEN

- Transparent- oder Kopierpapier (Schablonen herstellen)
- Fotokartonrest (Schablonen herstellen)
- Bleistift
- dünner Filzstift in Schwarz
- Schere
- Cutter mit Schneideunterlage
- Kreisschneider oder Zirkel
- Geo-Dreieck®
- Prägestift bzw. Stricknadel oder Messerrücken
- Schaschlikstäbchen
- UHU extra
- UHU Tac Patafix

Hinweis: Bitte keine wasserlöslichen Klebstoffe verwenden, da sie die Papiere wellen.

ZUSÄTZLICHE MATERIALIEN

- Transparentpapier extrastark (115 g/m²) und Tonpapier in verschiedenen Farben und Mustern
- Tonpapier für die Basisanleitungen
- Glasteelichter
- verschiedene Perlen und Strasssteine
- Silberdraht, ø ca. 0,6 mm

Genaue Materialangaben sind bei den einzelnen Modellen angegeben.

Bitte vor Arbeitsbeginn unbedingt beachten:

- Grundlage für alle Modelle sind die Basisanleitungen. Sie sind leicht zu lernen und schnell nachzufalten, sollten aber zunächst mit einfachem Tonpapier etwas geübt werden, damit die Falten später gleichmäßig ausfallen.
- Bitte lesen Sie die Beschreibungen aufmerksam und falten Sie möglichst genau, um beste Ergebnisse zu erzielen.
- Streichen Sie die Falzkanten fest, aber behutsam glatt. Bei zu starkem Druck und durch häufiges Hin- und Herfalten kann das Papier brechen.
- Hinweise zum Übertragen von Vorlagen mit Schablonen finden Sie auf Vorlagenbogen A.

Tipps und Tricks

- Bei den Zuschnittgrößen der Kreise sind immer die Durchmesser angegeben. Für die Einstellungen des Kreisschneiders bzw. Zirkels den halben Durchmesser, also den Radius, verwenden.
- Transparentpapier extrastark (115 g/m²) ist in Bastel- sowie in Schreibwarengeschäften erhältlich. Meistens wird es in Rollen, 50 cm x 70 cm groß, oder als Bogen in der Größe A4 angeboten. Normales Transparentpapier ist zu dünn und eignet sich daher nicht für diese Modelle.

Achtung: Brennende Teelichter nicht unbeaufsichtigt lassen, Brandgefahr!

MATERIAL

- Kreis aus Tonpapier, ø 16 cm

Basisanleitung 1

Kreisfaltung

1 Den Kreis in der Mitte falten, die Faltung öffnen, quer zum Falz noch einmal falten und wieder öffnen. Zwei gegenüberliegende Falten fassen und die Figur zusammenschieben.

2 Die Figur auf die Arbeitsfläche legen und je zwei Falzkanten genau aufeinander legen. Die Mitte der Figur flach drücken und glatt streichen. Den Vorgang zur anderen Seite wiederholen. Es sind vier Flügel entstanden.

3 Einen der beiden oberen Flügel zunächst senkrecht stellen, dann öffnen und flach drücken. Bei diesem Vorgang sollten Sie darauf achten, dass alle in der Mitte liegenden Falzkanten genau neben- bzw. übereinander sind. Die Flügelspitze öffnet sich leichter, wenn man ein Schaschlikstäbchen behutsam hineinschiebt.

4 Die Figur umdrehen und den Vorgang wiederholen. Den rechten kleinen Flügel nach links klappen. Die Figur umdrehen und wieder den rechten Flügel nach links klappen.

Wichtig: Bei Papieren mit Vorder- und Rückseite muss die Papiervorderseite nach der Faltung immer innen liegen.

1

2

3

4

5

6

7

8

5 Mit den restlichen großen Flügeln genauso verfahren. Dabei ebenfalls einen der jeweils neu entstandenen kleinen Flügel auf die gegenüberliegende Seite klappen. Der Kreis hat nun acht Falten.

Hinweis: Bei der Weiterverarbeitung wird von der Spitze (= Mitte des Kreises) ein kleines Stück abgeschnitten. Außerdem wird die Figur bei einigen Modellen gewendet, d.h. das Innere kommt nach außen. Bitte die Hinweise bei den einzelnen Beschreibungen genau beachten.

Blütenschnitt

6 An einer Falte ca. bei einem Drittel der Falzkantenlänge von der Spitze entfernt die Schere ansetzen und bogenförmig bis zum nächsten Falzende schneiden. Die nächste Falte von hinten an die geschnittene Falte anlegen und genauso zuschneiden. Dabei immer nur die zuletzt geschnittene Falte als Vorlage für die nächste nehmen.

7 Je nach Angabe in der jeweiligen Anleitung werden die Blätter schmal oder breit lanzettförmig zugeschnitten, das heißt, die Blätter haben die Form einer schmalen oder breiten Lanze. Abb. 7 zeigt die breite Variante, Abb. 8 die schmale.

Die Blütenblätter, insbesondere bei kleinen Blüten, sollten mit etwas Übung frei geschnitten werden, ohne dass die bereits geschnittene Falte angelegt wird. Natürliche Blüten sind meist auch nicht ganz gleichmäßig.

MATERIAL

- Tonpapier, A5

Basisanleitung 2

Fächerfaltung

1 Das Rechteck quer in der Mitte falten und wieder öffnen. Nun die Kanten an die Mittelfalte anlegen, falzen und wieder öffnen. Die obere Kante mit einem Punkt markieren (wenn das System klar ist, braucht man keine Markierung mehr).

2 Die untere (nicht markierte) Kante an die unterste Falte anlegen, falzen, öffnen, dann an die oberste Falte anlegen, falzen, öffnen. Das Papier um 180° drehen. Die untere (markierte) Kante an die unterste Falte anlegen, falzen, öffnen, dann an die zweite Falte von oben anlegen, falzen, öffnen. Das Papier wenden.

3 Die untere Kante an die unterste Falte (= Berg-Falte) anlegen, aber nicht mehr öffnen (1. Tal-Falte entsteht). Die erste Berg-Falte und die untere Kante zusammenfassen, an die nächste Berg-Falte anlegen und die zweite Tal-Falte falzen.

4 Nach diesem System weiterfalten. Das Blatt ist nun in acht gleichmäßige Falten gelegt. Um ein Rechteck in 16 bzw. 32 Falten zu legen wird Schritt 2 sinngemäß wiederholt. Schritt 3 bildet immer den Abschluss.
An langen Faltenbändern mit 32 Falten beim letzten Schritt nicht mehr als acht Falten zusammenfassen. Danach mit einer einzelnen Falte beginnend den Vorgang fortsetzen.

Um Faltenbänder optimal miteinander zu verbinden, wird meist eine halbe Falte, d. h. an einer Breitseite das Stück bis zum ersten Falz, abgeschnitten.

Tipp: Eine Tischkante oder die Kante einer Arbeitsplatte, die von unten gegen die jeweils zu fassende Bergfalte drückt, kann sehr hilfreich sein.

1

2

3

4

Strahlende Sonne

→ Blickfang im Fenster

VORAUS-SETZUNG
Basisanleitung 2

MATERIAL
- Transparentpapier extrastark (115 g/m²) in Gelb, 50 cm x 70 cm
- Fotokarton (300 g/m²) in Gelb, 10 cm x 20 cm
- Alu-Bastelkarton (300 g/m²) in Gold, A4
- Perlonfaden, ø 0,3 mm, 50 cm lang
- 49 (98) selbstklebende Strasssteine in Kristall, 4 mm x 4 mm
- Pinzette

ZUSCHNITT
- 2 Rechtecke aus Transparentpapier, 12 cm x 70 cm und 11 cm x 70 cm
- 2 Kreise aus Fotokarton, je ø 9 cm (dafür zunächst eine Kreisschablone herstellen, um ein Loch in der Mitte zu vermeiden)
- 2 Rahmen aus Alu-Bastelkarton, jeweils ø außen 9 cm, 5 mm breit

1 Die Rechtecke von der Vorderseite (leicht glänzend) aus beginnend in je 32 Falten legen. Anschließend die Faltenbänder auseinander ziehen, glatt streichen und so ablegen, dass die Vorderseite zu sehen ist.

2 An der jeweils rechts liegenden Seitenkante 6 cm vom oberen Rand entfernt eine Markierung anbringen. Von der Markierung bis zum Ende der nächsten Tal-Falte einen geraden Schnitt ausführen (Abb. 1).

1

3 Nun die ersten beiden Falten nach links klappen. Die jetzt rechts liegende Falzkante wie zuvor beschrieben markieren und schneiden (Abb. 2). Die nächsten beiden Falten nach links legen und den Vorgang wiederholen, bis alle Zacken geschnitten sind. Die Abschnitte aufbewahren.

2

4 An je einem Ende der Faltenbänder eineinhalb Falten abschneiden. Die Faltenbänder eng zusammendrücken. Die jeweils erste und letzte halbe Falte so aufeinander kleben, dass an den entstandenen Röhren die Vorderseiten außen sind.

3

5 Die längere Röhre in die kurze schieben, dabei müssen die Zacken versetzt aufeinander liegen. Die geraden Kanten bündig zusammenkleben. Die doppelte Röhre aufrecht hinstellen und die Zacken nach außen und unten drücken, sodass sie strahlenförmig liegen (Abb. 3).

6 Einen Kreis aus Fotokarton gleichmäßig und reichlich mit UHU extra einstreichen und mittig auf den Strahlenkranz kleben (= Rückseite). Zwei bis drei Minuten halten, dann umdrehen. Den Perlonfaden an einem Ende mehrfach verknoten. Den Knoten in das Loch in der Mitte legen und den Faden in eine der langen Tal-Falten legen.

WEITERFÜHRUNG

Strahlende Sonne

7 Auf der Vorderseite ebenfalls einen Kreis aus Fotokarton aufkleben. Die zurückgelegten Zackenabschnitte an den unteren Kanten der Rückseiten mit UHU extra einstreichen, 5 mm weit unter den Kreis schieben und festkleben. Die Zacken müssen wiederum versetzt zu den darunter liegenden eingefügt werden.

8 Die Rahmen auf die Kreise kleben. Den Rand des vorderen Kreises mit Strasssteinen verzieren. Dazu am besten eine Pinzette verwenden. Die Rückseite nach Wunsch entsprechend gestalten.

Blütentraum

→ mit glänzenden Perlen

VORAUSSETZUNG
Basisanleitung 1

MATERIAL FÜR 3 BLÜTEN UND SERVIETTEN-RING

- Transparentpapier extrastark (115 g/m²) in Weiß, ca. 50 cm x 70 cm
- Transparentpapier extrastark (115 g/m²) in Zartgelb, Rosa und Hellblau, jeweils ca. A4
- Fotokartonrest in Weiß
- je 1 Acrylperle in Transparent, Rosé und Hellblau, ø 1 cm
- je 8 Wachsperlen in Gold, Blau und Rot, ø 4 mm

ZUSCHNITT PRO BLÜTE

- 3 Kreise aus Transparentpapier in Weiß, ø 7 cm, 11 cm und 13 cm
- 2 Kreise aus Transparentpapier in Zartgelb, Rosa oder Hellblau, ø 8 cm und 11 cm
- Kreis aus Fotokarton in Weiß, ø 3 cm

Blüte

1 Die Kreise in je acht Falten legen, von der Spitze 1 mm abschneiden und wenden.

2 Die Blütenblätter lanzettförmig schneiden. Je eine farbige Blüte auf die nächstgrößere Blüte in Weiß kleben, dabei nur um die Mitte herum UHU extra auftragen.

3 Die größere Doppelblüte mittig auf den Kreis aus Fotokarton kleben. Die kleinere Doppelblüte versetzt auf die größere kleben. Die kleinste weiße Blüte wiederum versetzt obenauf befestigen. In die Blütenmitte wie abgebildet die Perlen kleben.

Serviettenring

Einen Streifen aus hellblauem Transparentpapier, 3 cm x 11 cm, zuschneiden und zum Ring zusammenkleben. Für die Blüte werden nur die kleinste Doppelblüte und die kleinste Blüte in Weiß benötigt. Die Blüte auf den Ring kleben und mit den Perlen verzieren.

Traumhaft umhüllt

→ stilvolle Glas-Dekoration

VORAUSSETZUNG
Basisanleitung 2

MATERIAL PRO WINDLICHT

- Transparentpapier extrastark (115 g/m²) in Rosa oder Lila, ca. 20 cm x 40 cm
- Kordel in Silber, ø 1 mm, 55 cm lang
- 17 Acrylperlen in Transparent, ø 1 cm
- Glasbecher, ø unten 5 cm, oben 7 cm, 6 cm hoch
- Teelicht ohne Metallbecher oder Blumen

ZUSCHNITT

- Rechteck in Rosa oder Lila, 7 cm x 40 cm
- Rechteck in Rosa oder Lila, 9 cm x 40 cm

1 Die Rechtecke von der Rückseite (matt) aus beginnend in je 16 Falten legen. Danach die Faltenbänder so hinlegen, dass die Rückseiten zu sehen sind.

2 Die jeweils erste Falte zusammengeklappt nach oben ablegen. Die rechte obere Ecke dieser Falte im Winkel von 45° nach unten falten und wieder öffnen (Abb. 1). Die Falte aufklappen und flach ablegen. Mit allen nachfolgenden Falten genauso verfahren. Nun die Dreiecke des Kantenknicks nach hinten falten (Abb. 2).

3 Jeweils an einem Ende eine halbe Falte abschneiden und die Faltenbänder so zu Röhren zusammenkleben, dass die Vorderseiten (leicht glänzend) außen sind.

4 Auf die Kordel 17 Acrylperlen auffädeln, an den Enden je eine Perle festknoten. Die längere Röhre in die kurze schieben und das Glas einsetzen. Die Kordel um den oberen Rand der kurzen Röhre legen und zunächst lose verknoten. 15 Perlen wie abgebildet in die Kantenknicke verteilen, dann fest verknoten.

1

2

Blumen-Tischgirlanden

→ in leuchtenden Regenbogenfarben

VORAUS-SETZUNG
Basisanleitung 1

MATERIAL FÜR 2 GIRLANDEN

- Transparentpapier extrastark (115 g/m²) mit bunten Kreisen, 2 x A4
- Transparentpapier in Hellgrün, 20 cm x 20 cm
- Papierdraht in Hellgrün, ca. 2,10 m lang
- 12 Holzperlen in Gelb, ø 6 mm

ZUSCHNITT

- 24 Kreise in Bunt, entsprechend dem Papiermuster, je ø 5 cm bis 7 cm
- 3 Kreise in Hellgrün, je ø 10 cm
- 14 Papierdrahtstücke, je 15 cm lang

1 Für eine Girlande auf je ein Ende von sechs Papierdrahtstücken eine Holzperle stecken und festkleben. Ein siebtes Stück frei lassen.

2 Alle Kreise in je acht Falten legen, von der Spitze 1 mm abschneiden und wenden. Die Blütenblätter schmal lanzettförmig zuschneiden. Nach dem Schneiden die Blütenblätter an den Spitzen etwas zusammendrücken, damit die Blüte plastisch wirkt.

3 Je zwei Blüten unterschiedlicher Größe versetzt aufeinander kleben, dabei nur um die Mitte herum Klebstoff auftragen. Nun die Papierdrähte mit Perlen von der Vorderseite aus durch die Blüten schieben und die Holzperlen in der Blütenmitte mit Klebstoff befestigen. Etwa eine halbe Stunde trocknen lassen.

5 Die hellgrünen Blüten in je vier Doppelblätter auseinander schneiden. Die Doppelblätter wie abgebildet auf die seitlichen Papierdrahtenden kleben.

6 Die beiden letzten Drahtenden spiralförmig eindrehen.

Tipp: Sehr schön sieht es auch aus, wenn die Girlanden mit Perlonfaden nach unten hängend an der Gardinenstange befestigt werden.

4 Danach einen Blütenstiel mit dem siebten Papierdrahtstück verdrehen. Das freie Ende unterhalb der Blüte zur Seite herausbiegen (Abb. oben). Den nächsten Blütenstiel mit den beiden anderen Enden verdrehen. Auf diese Weise alle Blüten ansetzen. Dabei immer das kürzeste Papierdrahtende zur Seite biegen. Diese Enden auf 2 cm Länge schneiden.

Windlichter

→ stimmungsvoll

VORAUSSETZUNG
Basisanleitung 2

MATERIAL
FÜR 8 EINZELNE WINDLICHTER

- Regenbogen-Transparentpapier extrastark (115 g/m²), 50 cm x 70 cm
- Glasteelichter für die einzelnen Windlichter, ø 4,5 cm, 2,5 cm hoch
- Glasteelichter für die zusammengesetzten Windlichter, ø unten 4,5 cm, ø oben 6,5 cm, 5 cm hoch

ZUSCHNITT
FÜR 2 EINZELNE WINDLICHTER

- Rechteck aus Transparentpapier, 13 cm x 50 cm (dem Farbverlauf entsprechend zuschneiden)

1 Das Rechteck zur Hälfte falten, sodass die Papiervorderseite innen liegt, und wieder öffnen.

2 Auf der Rückseite die schmalen Seitenkanten 3 cm vom unteren Rand entfernt markieren. Die Mittelfalte 3 cm vom oberen Rand entfernt markieren und die Markierungen mit einer Bleistiftlinie verbinden. Die Fächerfaltung fortsetzen und das Rechteck in 32 Falten legen.

3 Das Faltenband auseinander ziehen und glatt streichen. An den Markierungslinien auseinander schneiden (Abb.).

4 Die Faltenbänder eng zusammendrücken und jeweils an einem Ende eine halbe Falte abschneiden. Die erste halbe Falte über die letzte halbe Falte kleben. Die Falten der unteren geraden Kanten an den entstandenen Röhren sehr eng zusammendrücken. Die Falten der oberen runden Kanten etwas auseinander ziehen.

5 Die Windlichter einzeln aufstellen, dazu die niedrigen Glasteelichter einsetzen. Oder je zwei Windlichter ineinander stellen und die höheren Glasteelichter verwenden.

Tipp: Regenbogen-Transparentpapier ist im Handel quer- und längsgestreift erhältlich. Für den Zuschnitt ist quergestreiftes günstiger, da weniger Material verbraucht wird.

Zarte Tulpen

→ schimmernde Schönheiten

VORAUSSETZUNG
Basisanleitung 1

MATERIAL PRO TULPE

- Briefpapier mit Seidenglanz in Zartlila und Zartmint, jeweils A4
- Rohholzperle, ø 1,5 cm (3 mm-Bohrung)
- Rundholzstab, ø 3 mm, 30 cm lang
- doppelseitiges Klebeband in Transparent
- 3 Strasssteine in Lila, ø 5 mm oder 3 Strasssteine in Kristall, 4 mm x 4 mm
- Acrylfarbe in Weiß
- feiner Haarpinsel

ZUSCHNITT

- Kreis in Zartlila, ø 14 cm
- 2 Rechtecke in Zartmint, je 4 cm x 15 cm
- Streifen aus Klebeband, 5 mm x 1,5 cm

VORLAGENBOGEN B
Schablone A1 + A2

1 Die Holzperle auf ein Ende des Holzstabes kleben. Holzperle und Stab mit Acrylfarbe bemalen (Abb.).

2 Den Kreis in acht Falten legen, von der Spitze 1 mm abschneiden, nicht wenden. Den Blütenschnitt 2,5 cm von der Spitze entfernt breit lanzettförmig schneiden. Ggf. die Schablone A1 zu Hilfe nehmen.

3 Ein ganzes Blütenblatt abschneiden, von einem zweiten nur einen Rest als Klebelasche unterhalb des Blütenschnittes stehen lassen (Abb.). Das erste Blütenblatt über die Klebelasche kleben.

4 Nun jedes zweite Blütenblatt an den seitlichen Rändern mit Klebstoff betupfen und über die jeweils benachbarten Blütenblätter kleben.

5 Den Holzstab von oben durch das Loch in der Blüte schieben und die Holzperle am Boden der Blüte festkleben.

6 Die Rechtecke längs in der Mitte falten und schmal lanzettförmig zuschneiden. Ggf. die Schablone A2 zu Hilfe nehmen.

7 Die Blätter am unteren Ende übereinander kleben und am Holzstab befestigen.

8 Das Klebeband unterhalb der Blüte um den Holzstab winden und die Strasssteine darauf anbringen.

Vorlagen übertragen mit Schablonen

Mit den abgebildeten Vorlagen Schablonen aus Fotokarton ausschneiden. Dafür das Transparentpapier auf die benötigte Vorlage legen und diese mit einem Bleistift genau und sauber nachfahren. Dann das Transparentpapier auf Fotokarton kleben und die Form exakt ausschneiden. Die Umrisse der Schablone auf das jeweils benötigte Papier übertragen. Achteck-Schablonen dabei immer so auf die Mitte des entsprechenden Modells legen, dass die Tal-Faltenmarkierungen der Schablone genau mit den Tal-Falten des Modells übereinstimmen.

Mit dem Prägestift werden bei einigen Modellen Linien vorgezogen, damit sie im Anschluss leichter und exakt gefaltet werden können. Dafür unbedingt ein Geo-Dreieck® zu Hilfe nehmen.

Osternester

SEITE 29

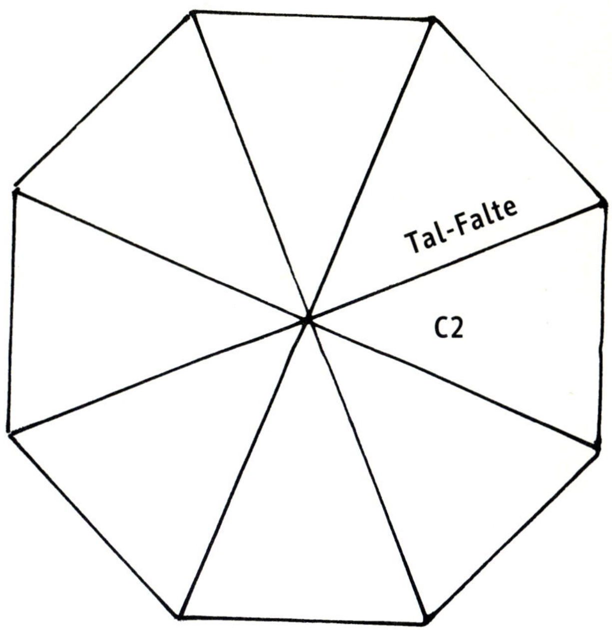

TOPP
© frechverlag Stuttgart
Margarete Vogelbacher
Papierfalten im Frühjahr
Duftig-leichte Dekorationen
BEST.-NR. 3548
VORLAGENBOGEN A

Zarte Tulpen

SEITE 17

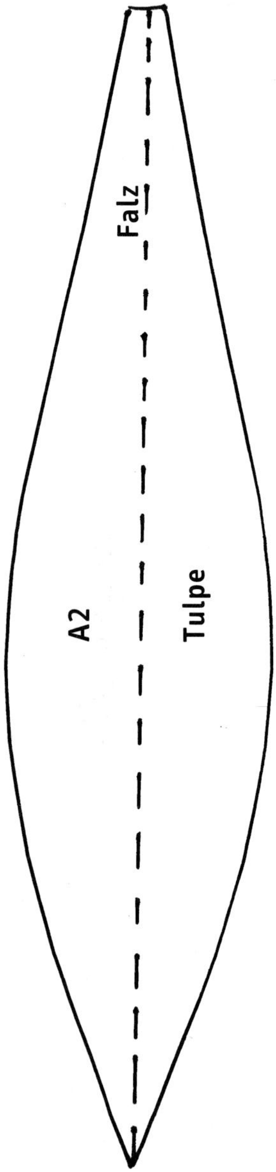

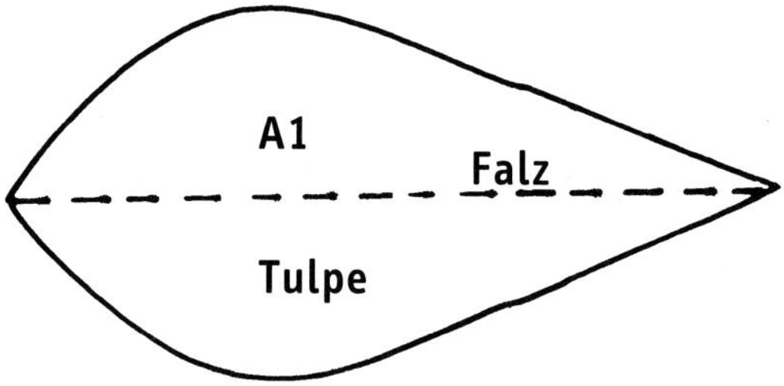

Windrad

SEITE 30

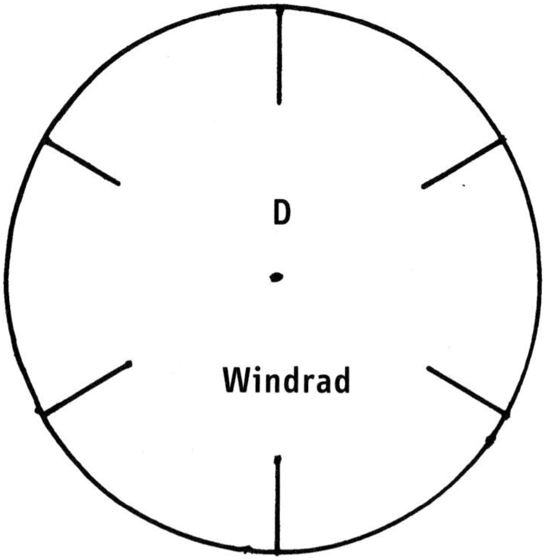

TOPP

© frechverlag Stuttgart

Margarete Vogelbacher

Papierfalten im Frühjahr

Duftig-leichte Dekorationen

BEST.-NR. 3548

VORLAGENBOGEN B

Von ganzem Herzen
SEITE 23

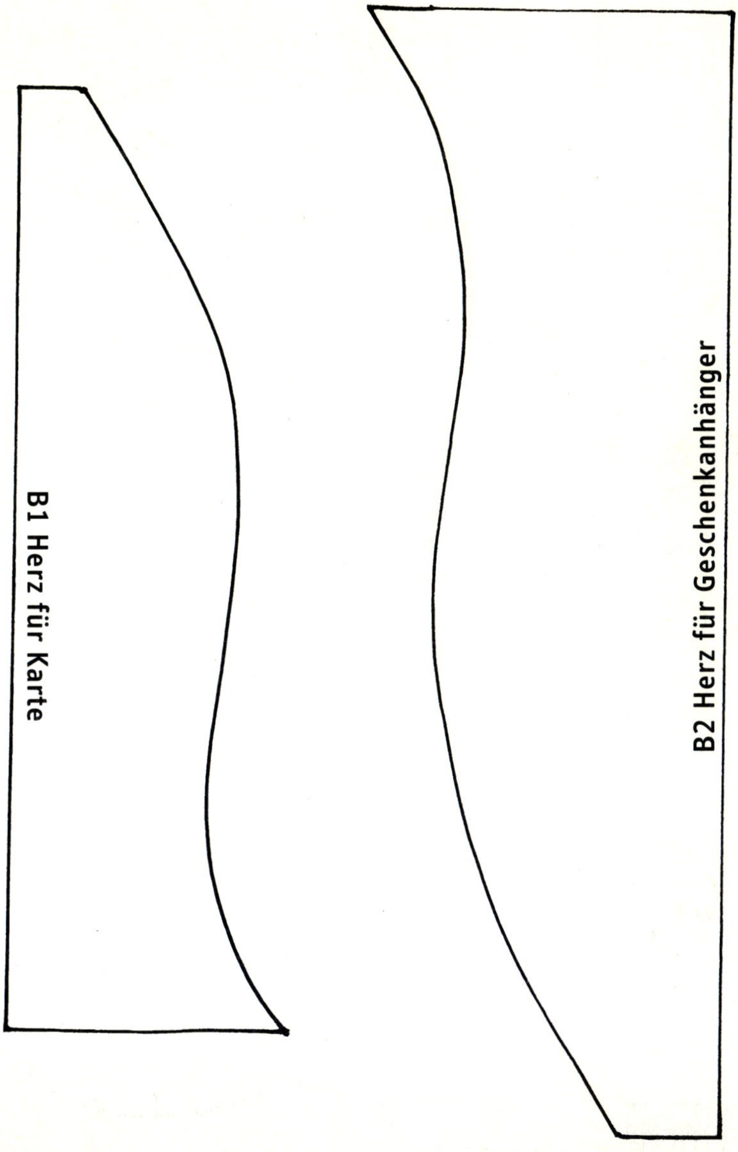

Osternester

SEITE 29

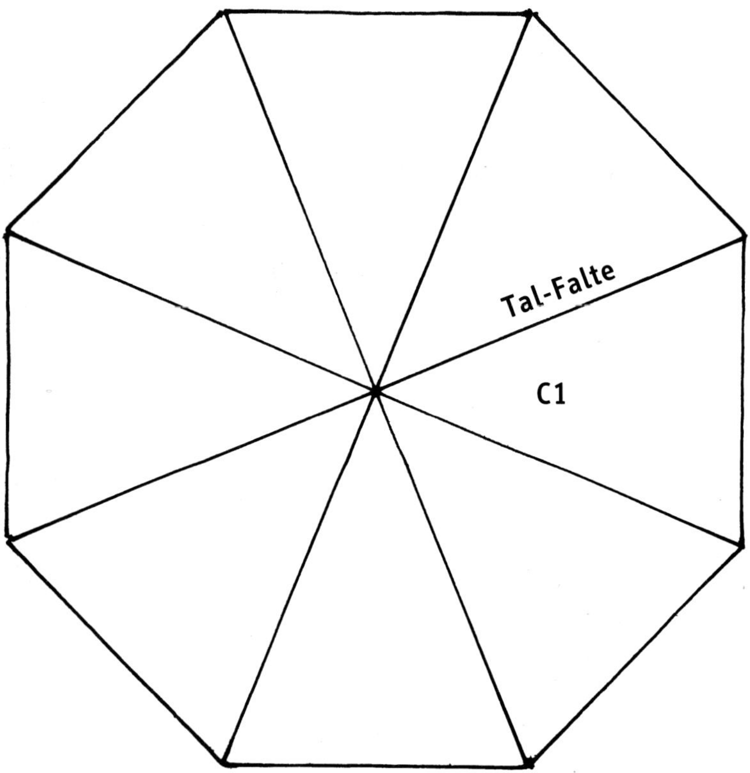

Schmetterlinge

→ bunt und zart

VORAUSSETZUNG
Basisanleitung 2

MATERIAL PRO SCHMETTERLING

- Transparentpapier extrastark (115 g/m²) in Rosa, Lila oder Hellblau und farblich passend gestreift, jeweils A4
- Acrylschliffperle in Pink oder Blau, ø 1 cm
- 4 Strasssteine in Pink oder Blau, ø 1 cm
- Silberdraht, ø 0,6 mm, 15 cm lang
- kleine Bastelzange

ZUSCHNITT

- je 1 Quadrat aus einfarbigem Transparentpapier, 15 cm x 15 cm und 14 cm x 14 cm
- 2 identisch gemusterte Quadrate aus gestreiftem Transparentpapier, je 12 cm x 12 cm
- Streifen aus einfarbigem Transparentpapier, 5 mm x 3 cm

1

2

1 Auf den schmalen Transparentpapierstreifen vier Strasssteine kleben und zur Seite legen.

2 Die Faltungen der Quadrate immer von der Papierrückseite aus beginnen: Für die Basisflügel die einfarbigen Quadrate zunächst diagonal falten und wieder öffnen. Danach quer zur Diagonalen in je 16 Falten legen. Die Falten eng zusammendrücken und in der Mitte zu einer Seite hin knicken.

3 Die ersten zwei Falten der Flügelteile an der nicht geknickten Seite übereinander legen. Die Falten eng zusammengedrückt festhalten, den Draht straff um die engste Stelle legen und zwischen den größeren Flügeln zwei bis drei Mal verdrehen. Die Drahtenden auf die gleiche Länge kürzen, durch die Acrylschliffperle schieben und V-förmig auseinander biegen. Die Enden mit einer kleinen Zange eindrehen. Die Flügel auffächern (Abb. 1).

4 Die gestreiften Quadrate nebeneinander so vor sich hinlegen, dass die Streifen quer verlaufen. Nun die Diagonale bei einem Quadrat von der linken unteren Ecke her falten, bei dem anderen von der rechten unteren Ecke, und wieder öffnen. Danach quer zur Diagonalen in je 16 Falten legen. Die kleinsten Falten abschneiden, dann an der Diagonallinie entlang auseinander schneiden (Abb. 2). Für die kleineren Flügel am Hinterleib an zwei gegengleichen Teilstücken einen 5 mm breiten Streifen an den langen Schnittkanten abschneiden.

5 Die unteren Kanten der Teilstücke auf den Rückseiten mit UHU extra einstreichen und etwas zusammendrücken. An den einfarbigen Flügeln ca. 2 cm von der Mitte entfernt ansetzen und dann eng an die Mitte heranschieben. Den Streifen mit den Strasssteinen mit reichlich Klebstoff auf die Mitte des Schmetterlings kleben und gut trocknen lassen.

Tipp: Zwischen den beiden Basisflügeln an der Kopfseite kann ein mit weißer Acrylfarbe bemalter Holzstab, ø 3 mm, 30 cm lang, eingeklebt werden. So wird aus dem luftig-leichten Falter ein dekorativer Blumenstecker.

Frühlingshauch

→ dekorative Glasmanschetten

VORAUSSETZUNG
Basisanleitung 1 + 2

MATERIAL
BEIDE MODELLE
- Transparentpapier extrastark (115 g/m²) in Gelb-Orange gestreift und Grün-Orange gestreift, jeweils 50 cm x 70 cm
- Transparentpapier extrastark (115 g/m²) in Gelb, 20 cm x 25 cm, und in Hellgrün, 10 cm x 20 cm
- Papierdraht in Hellgrün, 30 cm lang
- Papierdraht in Dunkelgrün, 50 cm lang
- 8 Holzperlen in Grün, ø 8 mm
- Glasvase, ø unten 9 cm, oben 13 cm, 13 cm hoch
- Glasvase, ø unten 7 cm, oben 10 cm, 10 cm hoch
- evtl. Stumpenkerze in Weiß, ø 5 mm, 7,5 cm hoch und Topfblumen

ZUSCHNITT
GROSSES MODELL
- 2 Rechtecke in Gelb-Orange gestreift, je 13 cm x 40 cm
- je 2 Kreise in Gelb, ø 7 cm und 6 cm
- Kreis in Hellgrün, ø 9 cm
- Papierdraht in Hellgrün und Dunkelgrün, je 15 cm und 17 cm lang

KLEINES MODELL
- 2 Rechtecke in Grün-Orange gestreift, je 10 cm x 30 cm
- je 2 Kreise in Gelb, ø 6 cm und 5 cm
- Kreis in Hellgrün, ø 8 cm
- Papierdraht in Dunkelgrün, 15 cm und 17 cm lang

Großes Modell

(Das kleine Modell wird entsprechend gearbeitet)

1 Die Rechtecke gemäß Basisanleitung 2 in je 16 Falten legen, dabei die Faltung bei einem Rechteck von der Vorderseite (leicht glänzend) aus beginnen, bei dem anderen von der Rückseite aus.

2 Die erste halbe Falte des einen Faltenbandes über die letzte halbe Falte des anderen kleben. Danach Anfang und Ende des nun doppelt so langen Faltenbandes auf dieselbe Weise so zusammenkleben, dass bei der entstandenen Röhre die Vorderseite außen ist. Die Röhre aufrecht hinstellen und die Vase einsetzen.

3 Je ein kurzes und ein langes Stück Papierkordel in Hellgrün bzw. Dunkelgrün an einem Ende ca. 5 cm weit zusammendrehen. Die freien Enden in je eine Holzperle kleben und zu Spiralen formen. Die verdrehten Enden mit UHU extra in eine Tal-Falte der Röhre kleben.

4 Alle Kreise gemäß Basisanleitung 1 in acht Falten legen und die Blütenblätter schmal lanzettförmig zuschneiden. Die kleineren gelben Blüten wie abgebildet versetzt auf die größeren kleben. Dabei nur um die Mitte herum Klebstoff auftragen. Eine Holzperle mit einer kräftigen Schere oder einem scharfen Messer halbieren und in der Mitte jeder Blüte eine Hälfte befestigen. Die Blüten wie abgebildet an Berg-Falten festkleben.

5 Die grüne Blüte in acht Einzelblätter zerschneiden. Je zwei Blätter am unteren Ende aufeinander kleben. Die Vorder- und Rückseiten der unteren Enden mit UHU extra einstreichen, hinter den Papierdraht und gleichzeitig an eine Berg-Falte kleben.

Von ganzem Herzen

→ Grüße zum Valentinstag

VORAUSSETZUNG
Basisanleitung 2

MATERIAL
KARTE
- Doppelkarte in Rot, 10,5 cm x 15 cm
- Tonpapier (130 g/m²) in Rosa, A4
- selbstklebender Sticker mit Kettchen: Herz, 2,5 cm lang
- selbstklebende Bordüren in Silber, gerade und wellenförmig, 2 mm und 1 mm breit

GESCHENK-ANHÄNGER
- Transparentpapier extrastark (115 g/m²) in Rosa oder Rot mit Rosenmuster, A4
- selbstklebender Sticker mit Kettchen: Herz, 2,5 cm lang

ZUSCHNITT
KARTE
- Rechteck in Rosa, 4 cm x 25 cm
- 2 Kreise in Rosa, je ø 2 cm
- Schablone B1

GESCHENK-ANHÄNGER
- Rechteck in Rosa oder Rot mit Rosenmuster, 5 cm x 30 cm
- 2 Kreise in Rosa oder Rot mit Rosenmuster, je ø 2 cm
- Schablone B2

VORLAGENBOGEN B
Schablone B1 + B2

1 Für das Herz auf der Karte das Rechteck zur Hälfte falten und wieder öffnen. Die Schablone B1 spiegelbildlich auf beide Hälften legen und die geschwungene Linie mit Bleistift übertragen (Abb.).

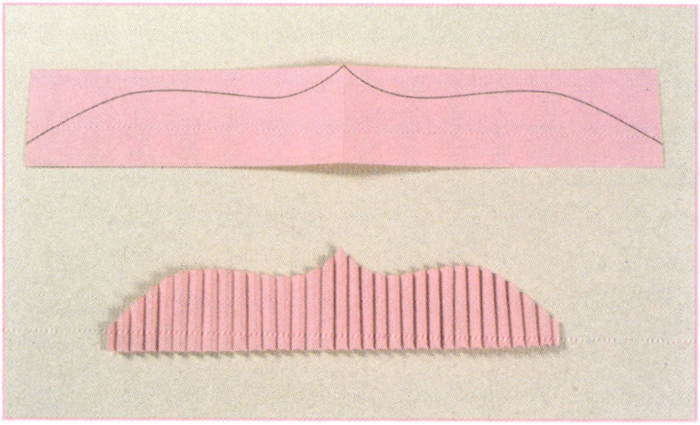

2 Die Fächerfaltung fortsetzen und das Rechteck in 32 Falten legen. Das Faltenband auseinander ziehen, glatt streichen und das Papier an der Markierungslinie entlang abschneiden (Abb.).

3 An einem Ende eine halbe Falte abschneiden. Die erste halbe Falte über die letzte kleben. Die entstandene Röhre auf die gerade Kante stellen und die geschwungene, obere Kante nach außen und unten drücken. Auf die Vorder- und Rückseite jeweils einen Kreis kleben. Die Strahlen ausrichten. Auf der Vorderseite den Herzsticker befestigen.

4 Die Bordüren und das Herz wie abgebildet auf die Karte kleben.

5 Die Geschenkanhänger mit dem entsprechenden Papier und Schablone B2 wie beim Herz der Karte beschrieben herstellen.

VORAUSSETZUNG
Basisanleitung 1 + 2

MATERIAL
- Transparentpapier extrastark (115 g/m²) in Weiß und bunt gestreift, jeweils ca. 20 cm x 50 cm
- Transparentpapier extrastark (115 g/m²) in Rosa und Lila, Reste
- 5 Acrylschliffperlen in Pink, je ø 8 mm
- Strassstein in Pink, ø 1 cm
- Silberdraht, ø 0,6 mm, 6 x 12 cm lang
- kleine Bastelzange

ZUSCHNITT
- Rechteck mit Streifenmuster, 9 cm x 50 cm (dem Streifenmuster entlang zuschneiden)
- Kreis in Weiß, ø 10 cm
- 2 Kreise in Weiß, je ø 6 cm
- Kreis in Weiß, ø 3 cm
- Kreis in Rosa, ø 8 cm
- 3 Rechtecke in Weiß, je 2,5 cm x 8 cm
- 3 Rechtecke in Lila, je 2 cm x 7 cm

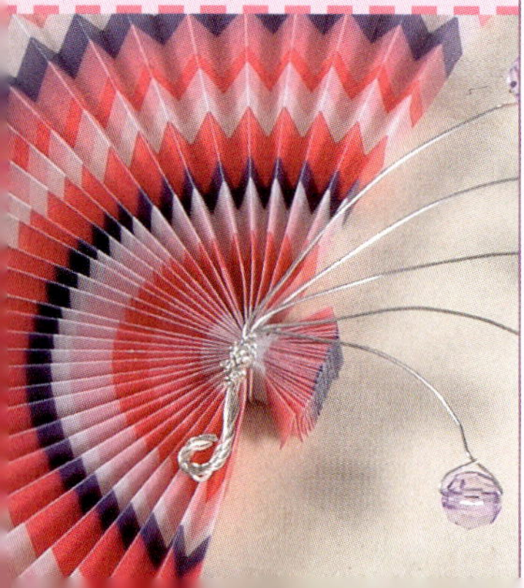

Edler Fächer

→ traumhafter Tischschmuck

1 Das Rechteck mit Streifenmuster gemäß Basisanleitung 2 in 32 Falten legen und die Falten sehr eng zusammendrücken. 1 cm von einem Ende entfernt ein Stück Silberdraht herumwickeln und die Drahtenden auf der Vorderseite fest verdrehen. Die Falten auffächern.

2 Die fünf restlichen Drahtstücke durch die Perlen fädeln und wie abgebildet zurechtbiegen. Die Drähte zusammenfassen und auf unterschiedliche Längen ausrichten. Überstehende Enden abschneiden und die Enden mit einer kleinen Zange ca. 3 cm weit miteinander verdrehen. An den Draht, der den Fächer zusammenhält, andrahten (Abb.).

3 Alle Kreise, bis auf den kleinsten, gemäß Basisanleitung 1 in je acht Falten legen. Von der Spitze 1 mm abschneiden und wenden. Die Blütenblätter schmal lanzettförmig schneiden.

4 Die rosafarbene Blüte auf die größte weiße Blüte kleben, dabei nur um die Mitte herum Klebstoff auftragen. Diese Doppelblüte nun auf dem kleinen weißen Kreis befestigen. Die kleinen Blüten in Weiß versetzt aufeinander kleben, anschließend wieder versetzt auf der größeren Blüte befestigen. In der Mitte den Strassstein aufkleben.

5 Die Rechtecke in Weiß und Lila in der Mitte falten und schmal lanzettförmig zuschneiden. Je ein Blatt in Lila auf ein Blatt in Weiß kleben. Die drei Doppelblätter am unteren Ende aufeinander kleben.

6 Zunächst die Blätter, dann die fertige Blüte wie abgebildet auf dem Fächer befestigen.

Tipp: Mithilfe von UHU Tac Patafix können Sie den edlen Fächer auch an Spiegeln, Bilderrahmen oder Fensterscheiben dekorieren.

Sonnenglanz

→ Fensterhänger und Blumenstecker

VORAUSSETZUNG
Basisanleitung 2

MATERIAL FÜR 5 FENSTERHÄNGER

- Tonpapier (130 g/m²) in Gelb, 50 cm x 70 cm
- Fotokarton (300 g/m²) in Gelb, 2 x A4
- Alu-Bastelkarton (300 g/m²) in Gold, 2 x A4
- Kordel in Gold, ø 1 mm, 2,50 m lang
- 5 Acrylschliffperlen in Orange, ø 1 cm
- 10 Acrylperlen mit Perlmuttglanz, ø 8 mm
- 10 Linsenperlen in Gold, ø 7 mm

ZUSCHNITT

- 5 Rechtecke aus Tonpapier, je 12 cm x 45 cm
- 10 Kreise aus Fotokarton, je ø 7 cm (dafür zunächst eine Kreisschablone herstellen, um ein Loch in der Mitte zu vermeiden)
- 10 Rahmen aus Alu-Bastelkarton, jeweils ø außen 7 cm, 4 mm breit
- Kordel in Gold, 5 x 50 cm lang

MATERIAL UND ZUSCHNITT PRO BLUMENSTECKER

- Rechteck aus Tonpapier, 9 cm x 35 cm (Markierungen bei 6 cm und 3 cm)
- 2 Kreise aus Fotokarton, je ø 5 cm
- 2 Rahmen aus Alu-Bastelkarton, jeweils ø außen 5 cm, 3 mm breit
- Schaschlikstäbchen

Fensterhänger

1 Ein Ende der Kordelstücke verknoten, die anderen Enden jeweils mit UHU extra versiegeln.

2 Ein Rechteck in 32 Falten legen. Das Faltenband auseinander ziehen und so hinlegen, dass die erste Falte als Tal-Falte liegt. Nun die ersten beiden Falten nach links klappen. An der linken Kante des umgeklappten Teiles 8 cm vom unteren Rand entfernt eine Markierung anzeichnen; an der rechts liegenden Falzkante 4 cm vom unteren Rand entfernt ebenfalls eine Markierung anzeichnen. Die beiden Papierlagen flach zusammenhalten und von Markierung zu Markierung schneiden (Abb. 1).

1

3 Die folgenden vier Falten nach links verschieben, die rechts liegende Falzkante bei 4 cm markieren und von der Markierung bis zum Ende des vorherigen Schnittes schneiden (Abb. 2). Den Vorgang wiederholen, bis zwei Zackenbänder entstanden sind.

2

WEITERFÜHRUNG

Sonnenglanz

4 Von den langen Zacken am Anfang und Ende des einen Zackenbandes jeweils eineinhalb Falten abschneiden. Die Zackenbänder eng zusammenfalten und die erste halbe Falte des einen über die letzte halbe Falte des anderen kleben. Danach Anfang und Ende auf dieselbe Weise zusammenkleben, sodass eine Röhre entsteht.

5 Bei einem Kreis die Mitte markieren. Die Röhre aufrecht hinstellen. Die Zacken nach außen und unten drücken, sodass sie strahlenförmig liegen und die Zackenspitzen Tal-Falten sind. Den Strahlenkranz eng zusammenschieben und um den Mittelpunkt herum auf den Kreis kleben. Ein bis zwei Minuten halten, dann ein Stück Goldkordel in eine kurze Tal-Falte kleben. Den Strahlenkranz umdrehen und auf die andere Seite ebenfalls einen Kreis aus Fotokarton mittig aufkleben. Auf den Kreisen die Rahmen aus Alu-Bastelkarton in Gold befestigen.

6 Die Kordel nach 10 cm verknoten und die Perlen wie abgebildet auffädeln.

Blumenstecker

Die Sonne wird wie bei den Fensterhängern beschrieben gearbeitet. Auf der Rückseite ein Schaschlikstäbchen befestigen.

Osternester

→ vielseitig verwendbar

VORAUSSETZUNG
Basisanleitung 1

MATERIAL
- Strukturkarton (220 g/m²) in Pastellgelb und Pastellgrün, jeweils 30 cm x 30 cm
- selbstklebende Blütensticker in Pastelltönen, ø 2 cm und 2,5 cm

ZUSCHNITT
- Kreis in Pastellgelb, ø 24 cm
- Kreis in Pastellgrün, ø 20 cm

VORLAGENBOGEN A
Schablone C1 + C2

1 Den Kreis gemäß Basisanleitung falten und von der Spitze max. 1 mm abschneiden. Vorsichtig ausbreiten und so hinlegen, dass die Papierrückseite zu sehen ist.

2 Die Tal-Falten der Papierrückseite 3 cm (größeres Modell) bzw. 2,5 cm (kleineres Modell) vom Rand entfernt markieren und bis zur Markierung einschneiden. Den Kreis wie vorher flach ablegen und von den Markierungen bis zum Ende der benachbarten Berg-Falten Linien prägen. Das Papier an den Prägelinien zur Papierrückseite hin falten.

3 Schablone C1 (C2 beim kleineren Modell) mittig auflegen (Tal-Faltenmarkierungen beachten!) und die Umrisse prägen. Die Schablone festhalten und das Papier von außen an der Prägelinie entlang senkrecht nach oben drücken (siehe Abb. Seite 28).

4 Nun die Seitenteile von je zwei benachbarten Zacken wie abgebildet überlappend aufeinander kleben. Die Blütensticker befestigen.

Windrad

→ Blickfang im Garten

VORAUS-SETZUNG
Basisanleitung 2

MATERIAL
- Transparentpapier extrastark (115 g/m²) in Gelb, Rosa und Hellgrün sowie jeweils farblich passend gestreift, jeweils 50 cm x 70 cm
- Fotokarton (300 g/m²) in Gelb, 12 cm x 12 cm
- Tonpapierrest (130 g/m²) in Dunkelgrün
- Pflanzstab aus Holz in Dunkelgrün, ø 6 mm, 60 cm lang
- 7 Strasssteine in Grün, ø 1 cm
- Rohholzperle, ø 1,5 cm
- Flaschenkorken, ø 2 cm
- Nagel, 4 cm lang
- Metall-Trennscheibe, ø 1,5 cm
- kleine Wäscheklammer
- Bleistiftspitzer

ZUSCHNITT BLÜTE
- je 1 Rechteck aus allen Transparentpapieren, 13 cm x 40 cm
- je 2 Streifen aus Transparentpapier in Gelb, Rosa und Hellgrün, 2 cm x 4 cm
- Rechteck aus Transparentpapier in Gelb, 3 cm x 40 cm
- je 2 Kreise aus Fotokarton in Gelb, ø 6 cm und 4 cm
- Kreis aus Fotokarton in Gelb, ø 2 cm

BLÄTTER AM PFLANZSTAB
- Quadrat aus Transparentpapier in Hellgrün, 30 cm x 30 cm
- 2 Streifen aus Transparentpapier in Hellgrün, je 1,5 cm x 4 cm
- Rechteck aus Tonpapier in Dunkelgrün, 2 cm x 10 cm

VORLAGENBOGEN B
Schablone D

1 Je zwei Kreise gleicher Größe zusammenkleben. Den großen Doppel-Kreis gemäß Schablone einschneiden. Das Loch in der Mitte mit dem Nagel erweitern, sodass sich der Nagel leicht darin drehen lässt.

2 Für das erste Blütenblatt ein Transparentpapier-Rechteck (13 cm x 40 cm) so zur Hälfte falten, dass die Papiervorderseite innen ist und wieder öffnen. Auf der Rückseite die schmalen Seitenkanten 5 cm vom unteren Rand entfernt markieren. Von den Markierungen bis zum oberen Ende der Mittelfalte Bleistiftlinien ziehen. Anschließend die Fächerfaltung fortsetzen und das Rechteck in 32 Falten legen.

3 Das Faltenband auseinander ziehen, glatt streichen und an den Markierungslinien abschneiden. Die Falten nun sehr eng zusammendrücken. Um das untere, gerade Ende einen farblich passenden Streifen (2 cm x 4 cm) straff herumwickeln und festkleben. Mit der Wäscheklammer fixieren und trocknen lassen. Während der Trocknungszeit das nächste Blütenblatt auf dieselbe Weise herstellen. Anschließend das erste Blütenblatt auffächern und mit dem Stiel auf den größeren Doppel-Kreis zwischen zwei Einschnitte kleben. Dabei muß die Papiervorderseite zu sehen sein. Den Stiel genau zur Mitte hin ausrichten. Alle Blütenblätter entsprechend anfertigen und nacheinander überlappend auf dem Kreis befestigen (Abb. Seite 32).

WEITERFÜHRUNG

Windrad

4 Den kleineren Doppelkreis obenauf kleben, dabei den Nagel von der Vorderseite aus durch die Löcher beider Doppelkreise schieben und durch Drehen der Blüte die Gleichmäßigkeit der Bewegung kontrollieren. Auf der Rückseite zuerst die Metall-Trennscheibe, dann die Holzperle auf den Nagel schieben. Von dem Flaschenkorken ein 1,5 cm langes Stück abschneiden und den Nagel mittig hineinstecken. Den Pflanzstab mit einem Bleistiftspitzer anspitzen und von unten in die Rundung des Korkens stecken.

5 Das Rechteck in Gelb (3 cm x 40 cm) in 32 Falten legen, Anfang und Ende zusammenkleben und strahlenförmig um den Nagelkopf herum auf dem oberen Doppelkreis befestigen. Auf dem kleinsten Kreis die Strasssteine anbringen und diesen mittig auf den Strahlenkranz kleben. Achtung: Bitte hier sehr gründlich arbeiten, da nach diesem Schritt keine Korrekturen an der Mechanik mehr möglich sind.

6 Für die Blätter am Pflanzstab das hellgrüne Quadrat diagonal falten, danach quer zur Diagonalen in 32 Falten legen. Zur besseren Handhabung vor dem letzten Schritt der Basisanleitung das Papier an der Diagonalfalte entlang auseinander schneiden. Danach die Fächerfaltung an den entstandenen Dreiecken zu Ende falten und die zwei kleinsten Falten an jeder Seite abschneiden. Die Blätter sehr eng zusammenfalten. Um die unteren geraden Enden die Streifen aus Transparentpapier winden und festkleben. Die Blattstiele seitlich am Pflanzstab ankleben. Den Streifen aus Tonpapier mit Klebstoff einstreichen. Den Pflanzstab darauf legen und den Streifen um die Stiele und den Pflanzstab winden und festkleben. Die Blätter vorsichtig auffächern.

Hinweis: Das Windrad sollte auf keinen Fall starkem Wind und Regen ausgesetzt sein!

DIESES BUCH ENTHÄLT 1 VORLAGENBOGEN

IMPRESSUM

FOTOS: frechverlag GmbH, 70499 Stuttgart; Fotostudio Ullrich & Co., Renningen; Rudi Vogelbacher (Schrittfotos)
DRUCK: frechdruck GmbH, 70499 Stuttgart

Wir danken den Firmen Marpa Jansen GmbH & Co. KG, Mönchengladbach, Ludwig Bähr GmbH & Co. KG, Kassel, und Artoz Papier AG, Lenzburg/Schweiz

Materialangaben und Arbeitshinweise in diesem Buch wurden von der Autorin und den Mitarbeitern des Verlags sorgfältig geprüft. Eine Garantie wird jedoch nicht übernommen. Autorin und Verlag können für eventuell auftretende Fehler oder Schäden nicht haftbar gemacht werden. Das Werk und die darin gezeigten Modelle sind urheberrechtlich geschützt. Die Vervielfältigung und Verbreitung ist, außer für private, nicht kommerzielle Zwecke, untersagt und wird zivil- und strafrechtlich verfolgt. Dies gilt insbesondere für eine Verbreitung des Werkes durch Fotokopien, Film, Funk und Fernsehen, elektronische Medien und Internet sowie für eine gewerbliche Nutzung der gezeigten Modelle. Bei Verwendung im Unterricht und in Kursen ist auf dieses Buch hinzuweisen.

Auflage: 5. 4. 3. 2. 1.
Jahr: 2010 2009 2008 2007 2006 [Letzte Zahlen maßgebend]

ISBN 10: 3-7724-3548-3
ISBN 13: 978-3-7724-3548-5
Best.-Nr. 3548

© 2006 frechverlag GmbH, 70499 Stuttgart